Historias Cortas en Francés

para Principiantes

Daria Galek

Tabla de Contenido

Introducción

"Historias Cortas en Francés para Principiantes" es una colección de 20 historias cortas fáciles de leer, diseñadas especialmente para aquellos que se están acercando al idioma francés por primera vez. Las historias están escritas en un lenguaje sencillo y presentan personajes y situaciones cotidianas, lo que las hace ideales para aquellos que están comenzando a aprender el idioma.

Cada historia va seguida de una traducción completa al español y ejercicios, que permiten a los lectores verificar su comprensión y ampliar su conocimiento del vocabulario y la gramática francesa.

Ya sea que estés aprendiendo francés por primera vez o que desees mejorar tus habilidades de comprensión de lectura y escucha, "Historias Cortas en Francés para Principiantes" es un recurso valioso para cualquier persona interesada en aprender el idioma de manera divertida y atractiva.

Consejos para leer Historias en Francés

Leer historias en francés puede ser tanto agradable como muy efectivo para aprender un nuevo idioma. Para aprovechar al máximo las historias de este libro, vale la pena aplicar algunas estrategias simples pero efectivas. Aquí hay algunos consejos que podrían ayudarte:

1. Lee en voz alta: Leer en voz alta ayuda a mejorar la pronunciación y la fluidez. Escuchar cómo suenan las palabras y las frases es extremadamente útil en el aprendizaje de un idioma extranjero.

2. No temas cometer errores: Aprender un nuevo idioma es un proceso en el que cometer errores es natural e inevitable. Cada error es una oportunidad para aprender y mejorar.

3. Concéntrate en entender el sentido general: Al principio, no es necesario entender cada palabra. Enfócate en comprender el sentido general del cuento. Con el tiempo, entenderás cada vez más detalles.

4. Utiliza las traducciones: Cada historia de este libro está traducida al español. Utiliza las traducciones para comprender mejor el texto en francés, pero intenta leer primero el texto original antes de mirar la traducción.

5. Toma notas: Escribe las nuevas palabras y expresiones que encuentres durante la lectura. Así podrás volver a ellas y reforzar tu conocimiento.

6. Completa los ejercicios después de cada cuento: Los ejercicios son una parte clave del aprendizaje. Resuélvelos con cuidado para comprobar tu comprensión del texto y afianzar nuevo vocabulario y estructuras gramaticales.

7. Lee regularmente: La regularidad es clave para el éxito en el aprendizaje de un idioma. Intenta leer todos los días, aunque sea solo por unos minutos. La lectura regular te ayudará a desarrollar gradualmente tus habilidades lingüísticas.

8. Repite la lectura: No temas volver a los cuentos ya leídos. Repetir la lectura te ayudará a entender mejor el texto y a afianzar nuevas palabras y estructuras gramaticales.

9. Utiliza el contexto: Si encuentras una palabra difícil, intenta adivinar su significado basándote en el contexto. Esta es una habilidad que te será muy útil en el aprendizaje del idioma.

10. Ten paciencia: Aprender un idioma es un proceso que requiere tiempo. Sé paciente y constante, y seguramente notarás progresos.

Recuerda que aprender un idioma no solo se trata de adquirir conocimientos, sino también de disfrutar el descubrimiento de una nueva cultura y formas de expresión.

Chapitre 1: L'Arrivée en Ville / La Llegada a la Ciudad

Marie est une jeune femme qui vient d'arriver en ville en bus depuis son village natal. Elle a vingt-cinq ans et est excitée à l'idée de commencer une nouvelle vie en ville. Elle porte une petite valise et un sac à main alors qu'elle marche dans les rues du centre-ville. Elle se sent un peu perdue et n'est pas sûre d'où aller pour trouver sa nouvelle maison. Soudain, un homme s'approche d'elle et lui sourit.

– Bonjour, je m'appelle Jean. As-tu besoin d'aide? – demanda l'homme avec un sourire.

– Salut! Je m'appelle Marie. Je viens d'arriver en ville et je ne sais pas comment trouver ma nouvelle maison – répondit Marie surprise par l'offre d'aide.

– Ne t'inquiète pas. Où habites-tu? – demanda Jean gentiment.

– J'habite à la rue du Soleil, numéro 23.

– C'est tout près! Il te suffit de continuer sur cette rue et de tourner à droite dans la rue Azul. La rue Mariposa est à deux pâtés de maisons plus loin – expliqua Jean.

– Merci beaucoup! – remercia Marie avec un sourire soulagé.

– De rien. Passe une bonne journée! – dit Jean avant de prendre congé.

Grâce aux indications de Jean, Marie a trouvé le chemin de sa maison sans aucun problème. Elle était excitée de commencer sa nouvelle vie en ville et prévoyait de l'explorer dans les jours à venir.

***

Marie es una joven que acaba de llegar a la ciudad en autobús desde su pueblo natal. Tiene veinticinco años y está emocionada por comenzar una nueva vida en la ciudad. Lleva una pequeña maleta y un bolso de mano mientras camina por las calles del centro. Se siente un poco perdida y no está segura de adónde ir para encontrar su nueva casa. De repente, un hombre se le acerca y le sonríe.

– Hola, me llamo Jean. ¿Necesitas ayuda? – preguntó el hombre con una sonrisa.

– ¡Hola! Me llamo Marie. Acabo de llegar a la ciudad y no sé cómo encontrar mi nueva casa – respondió Marie, sorprendida por la oferta de ayuda.

– No te preocupes. ¿Dónde vives? – preguntó Jean amablemente.

– Vivo en la calle del Sol, número 23.

– ¡Está muy cerca! Solo tienes que seguir por esta calle y girar a la derecha en la calle Azul. La calle Mariposa está a dos manzanas más adelante – explicó Jean.

– ¡Muchas gracias! – agradeció Marie con una sonrisa de alivio.

– De nada. ¡Que tengas un buen día! – dijo Jean antes de despedirse.

Gracias a las indicaciones de Jean, Marie encontró el camino a su casa sin ningún problema. Estaba emocionada de comenzar su nueva vida en la ciudad y planeaba explorarla en los próximos días.

Chapitre 2: Épicerie / La Tienda de Comestibles

Marie a décidé de se rendre à l'épicerie pour remplir son réfrigérateur dans son nouvel appartement. Quand elle est arrivée, elle a remarqué que c'était propre et bien rangé. Marie s'est approchée d'un employé qui était en train de remplir les étagères avec des produits.

– Bonjour – dit Marie avec un sourire – Où puis–je trouver les légumes?

– Bonjour – répondit l'employé aimablement – Les légumes se trouvent dans la section à gauche, au bout de l'allée.

– Merci – dit Marie d'une voix amicale – Avez–vous des tomates et des laitues fraîches?

– Oui, nous venons de recevoir une nouvelle livraison ce matin. Elles se trouvent dans la section des légumes frais juste à côté, expliqua l'employé avec enthousiasme.

Marie remercia l'employé et se dirigea vers la section des légumes. Elle remarqua qu'il y avait beaucoup de produits frais et de bonne qualité. Elle prit quelques tomates et laitues fraîches et décida de chercher des fruits.

– J'ai aussi besoin de quelques fruits. Où puis–je les trouver? – demanda Marie avec curiosité.

– Les fruits se trouvent dans la section à droite, juste après les conserves – répondit l'employé.

– Parfait, merci.

Marie trouva une section avec des fruits frais et prit quelques pommes et bannenes pour la semaine. Finalement, Marie apporta ses achats au comptoir de la caisse.

– Ça fera 10 euros au total, s'il vous plaît, dit l'employé d'une voix claire.

– Acceptez–vous les cartes de crédit? demanda Marie avec intérêt.

– Oui, nous acceptons les cartes de crédit et de débit. Vous pouvez également payer en espèces.

– D'accord, merci beaucoup.

Marie paya ses achats avec sa carte de crédit et sortit du magasin, prête à préparer son premier dîner dans sa nouvelle maison.

***

Marie decidió ir a la tienda de comestibles para llenar su refrigerador en su nuevo apartamento. Cuando llegó, notó que estaba limpia y bien ordenada. Marie se acercó a un empleado que estaba llenando los estantes con productos.

– Hola – dijo Marie con una sonrisa – ¿Dónde puedo encontrar las verduras?

– Hola – respondió amablemente el empleado – Las verduras están en la sección a la izquierda, al final del pasillo.

– Gracias – dijo Marie con voz amistosa – ¿Tienen tomates y lechugas frescas?

– Sí, acabamos de recibir una nueva entrega esta mañana. Están en la sección de verduras frescas justo al lado – explicó el empleado con entusiasmo.

Marie agradeció al empleado y se dirigió a la sección de verduras. Notó que había muchos productos frescos y de buena calidad. Tomó algunos tomates y lechugas frescas y decidió buscar frutas.

– También necesito algunas frutas. ¿Dónde puedo encontrarlas? – preguntó Marie con curiosidad.

– Las frutas están en la sección a la derecha, justo después de las conservas – respondió el empleado.

– Perfecto, gracias.

Marie encontró una sección con frutas frescas y tomó algunas manzanas y plátanos para la semana. Finalmente, Marie llevó sus compras al mostrador de la caja.

– Serán 10 euros en total, por favor – dijo el empleado con voz clara.

– ¿Aceptan tarjetas de crédito? – preguntó Marie con interés.

– Sí, aceptamos tarjetas de crédito y débito. También puedes pagar en efectivo.

– De acuerdo, muchas gracias.

Marie pagó sus compras con su tarjeta de crédito y salió de la tienda, lista para preparar su primera cena en su nuevo hogar.

16

Chapitre 3: La Réunion avec les Voisins / La Reunión con los Vecinos

Un jour, Marie reçut une invitation de ses voisins pour assister à une réunion dans l'immeuble. Elle était excitée de rencontrer ses voisins et d'en apprendre davantage sur la communauté. La réunion était prévue pour le samedi après-midi dans la salle commune de l'immeuble.

Marie arriva dans la salle commune et fut surprise de voir autant de monde là-bas. Elle s'approcha d'un groupe de personnes qui discutaient et se présenta.

– Bonjour! Je m'appelle Nathan. Tu es la nouvelle locataire? – demanda l'un des voisins.

– Oui, c'est ça. Je m'appelle Marie et je viens de déménager ici il y a quelques jours – répondit-elle.

– Bienvenue dans la communauté! Je m'appelle Emma. Est-ce que tu te plais ici? – demanda l'autre voisin.

– Je suis ravie d'être ici. J'adore l'immeuble et l'emplacement est parfait pour moi.

– Je suis content d'entendre ça. Tu apprécies la ville jusqu'à présent? – demanda le troisième voisin.

– Oui, j'explore beaucoup.

La réunion commença par un discours du président de l'association. Il parla des prochains événements. Plusieurs sujets concernant la rénovation de l'immeuble furent également discutés.

Marie se sentait à l'aise avec ses voisins et était enthousiaste d'entendre parler des activités et des événements prévus. Elle était heureuse d'avoir assisté à la réunion et se sentait plus connectée à la communauté.

***

Un día, Marie recibió una invitación de sus vecinos para asistir a una reunión en el edificio. Estaba emocionada de conocer a sus vecinos y aprender más sobre la comunidad. La reunión estaba programada para el sábado por la tarde en la sala común del edificio.

Marie llegó a la sala común y se sorprendió al ver a tanta gente allí. Se acercó a un grupo de personas que estaban conversando y se presentó.

– ¡Hola! Me llamo Nathan. ¿Eres la nueva inquilina? – preguntó uno de los vecinos.

– Sí, así es. Me llamo Marie y acabo de mudarme aquí hace unos días – respondió ella.

– ¡Bienvenida a la comunidad! Me llamo Emma. ¿Te gusta aquí? – preguntó otro vecino.

– Estoy encantada de estar aquí. Me encanta el edificio y la ubicación es perfecta para mí.

– Me alegra escuchar eso. ¿Te gusta la ciudad hasta ahora? –

preguntó el tercer vecino.

– Sí, estoy explorando mucho.

La reunión comenzó con un discurso del presidente de la asociación. Habló sobre los próximos eventos. También se discutieron varios temas relacionados con la renovación del edificio.

Marie se sentía a gusto con sus vecinos y estaba entusiasmada de escuchar sobre las actividades y eventos planeados. Estaba feliz de haber asistido a la reunión y se sentía más conectada con la comunidad.

Chapitre 4: Le Premier Jour de Travail / El Primer Día de Trabajo

Marie était excitée pour son premier jour de travail dans la nouvelle entreprise. Elle est arrivée tôt au bureau et a rencontré son chef, David.

– Bonjour, Marie! Je suis content que tu sois arrivée tôt – dit David – Es–tu prête pour commencer ton premier jour de travail?

– Bonjour, David. Oui, je suis très excitée de commencer.

– Super. Je vais te montrer notre bureau.

David a emmené Marie à travers le bureau et lui a montré où se trouvaient les différents espaces et départements. Ils sont ensuite arrivés au poste de travail de Marie.

– C'est ici que tu travailleras – dit David – Comme tu peux le voir, tu as ton propre ordinateur et téléphone. Maintenant, je vais te présenter à l'équipe.

David a présenté Marie à chacun de ses nouveaux collègues, y compris à son coéquipier, Sébastien.

– Marie, voici Sébastien, ton coéquipier – dit David.

– Bonjour, Marie – lui dit Sébastien avec un sourire – Enchanté de te rencontrer.

– Bonjour, Sébastien. Je suis ravie de travailler avec toi – répondit Marie.

– Génial! – dit David – Maintenant, tu peux commencer à travailler. Sébastien t'aidera avec les documents les plus importants. Bienvenue dans notre équipe!

Après avoir rencontré son équipe, Marie s'est assise à son bureau et a commencé à se familiariser avec son travail. Sébastien lui a gentiment montré les documents les plus importants. Marie était excitée par les possibilités qui l'attendaient dans son nouveau travail. Elle sentait qu'elle avait pris la bonne décision en commençant à travailler pour cette entreprise. Après le travail, elle rentrait chez elle pour se reposer.

***

Marie estaba emocionada por su primer día de trabajo en la nueva empresa. Llegó temprano a la oficina y se encontró con su jefe, David.

– Buenos días, Marie. Me alegra que hayas llegado temprano – dijo David – ¿Estás lista para comenzar tu primer día de trabajo?

– Buenos días, David. Sí, estoy muy emocionada de comenzar.

– Genial. Te voy a mostrar nuestra oficina.

David llevó a Marie por la oficina y le mostró dónde estaban los diferentes espacios y departamentos. Luego llegaron al puesto de trabajo de Marie.

– Aquí es donde trabajarás – dijo David – Como puedes ver, tienes tu propio ordenador y teléfono. Ahora, te presentaré al equipo.

David presentó a Marie a cada uno de sus nuevos compañeros, incluido su compañero de equipo, Sebastián.

– Marie, este es Sebastián, tu compañero de equipo – dijo David.

– Hola, Marie – le dijo Sebastián con una sonrisa – Encantado de conocerte.

– Hola, Sebastián. Estoy encantada de trabajar contigo – respondió Marie.

– ¡Genial! – dijo David – Ahora puedes empezar a trabajar. Sebastián te ayudará con los documentos más importantes. ¡Bienvenida a nuestro equipo!

Después de conocer a su equipo, Marie se sentó en su escritorio y comenzó a familiarizarse con su trabajo. Sebastián le mostró amablemente los documentos más importantes. Marie estaba emocionada por las posibilidades que le esperaban en su nuevo trabajo. Sentía que había tomado la decisión correcta al comenzar a trabajar para esta empresa. Después del trabajo, regresó a su casa para descansar.

Chapitre 5: Retrouvailles avec des Amis / Reencuentro con Amigos

Marie retrouva ses amis pour prendre un café dans un café du centre-ville. Elle était excitée car elle n'avait pas vu ses amis depuis longtemps et voulait partager avec eux ses nouvelles expériences de travail.

Après s'être salués et avoir commandé du café, Marie entama la conversation:

– Comment ça va? Cela fait longtemps que nous ne nous sommes pas vus!

– Bien, bien – répondit son ami Manuel – Oui, c'est vrai, cela fait longtemps que nous ne nous sommes pas vus.

– Oui, depuis que j'ai commencé à travailler dans la nouvelle entreprise, je n'ai pas eu beaucoup de temps pour sortir.

– Et comment ça se passe au travail? Tu aimes ton nouveau travail? – demanda une autre amie, Angèle.

– Oui, j'aime beaucoup. Je travaille avec des gens très sympathiques et j'apprends beaucoup de nouvelles choses.

– Et que fais-tu pendant ton temps libre? As-tu de nouveaux centres d'intérêt? – dit Manuel.

– Oui, j'ai récemment commencé à apprendre l'espagnol. J'aime beaucoup ça et je veux voyager à Barcelona à l'avenir.

Après un moment de conversation, Marie remarqua qu'une de

ses amies semblait préoccupée.

– Qu'est-ce qui se passe? – demanda Marie à Angèle – Tu as l'air préoccupée.

– Oui, je suis en train de planifier des vacances et je ne sais pas où aller. Je n'ai pas d'idées, répondit-elle tristement.

– Veux-tu venir avec moi en Espagne?

– Vraiment? Bien sûr, je serais ravie! – s'exclama Angèle avec un sourire.

Après le café, Marie se sentit heureuse et détendue. Elle était contente d'avoir pu retrouver ses amis et de partager ses expériences.

***

Marie se reunió con sus amigos para tomar un café en un café del centro. Estaba emocionada porque no había visto a sus amigos en mucho tiempo y quería compartir con ellos sus nuevas experiencias de trabajo.

Después de saludarse y pedir café, Marie inició la conversación:

– ¿Cómo están? ¡Hace mucho tiempo que no nos vemos!

– Bien, bien – respondió su amigo Manuel – Sí, es verdad, hace mucho tiempo que no nos vemos.

– Sí, desde que empecé a trabajar en la nueva empresa, no he tenido mucho tiempo para salir.

– ¿Y cómo va el trabajo? ¿Te gusta tu nuevo trabajo? – preguntó otra amiga, Angèle.

– Sí, me gusta mucho. Trabajo con personas muy amables y estoy aprendiendo muchas cosas nuevas.

– ¿Y qué haces en tu tiempo libre? ¿Tienes nuevos intereses? – dijo Manuel.

– Sí, recientemente comencé a aprender español. Me gusta mucho y quiero viajar a Barcelona en el futuro.

Después de un momento de conversación, Marie notó que una de sus amigas parecía preocupada.

– ¿Qué pasa? – preguntó Marie a Angèle – Pareces preocupada.

– Sí, estoy planeando unas vacaciones y no sé adónde ir. No tengo ideas – respondió ella tristemente.

– ¿Quieres venir conmigo a España?

– ¿En serio? ¡Por supuesto, me encantaría! – exclamó Angèle con una sonrisa.

Después del café, Marie se sintió feliz y relajada. Estaba contenta de haber podido reunirse con sus amigos y compartir sus experiencias.

Chapitre 6: Une Visite à la Bibliothèque / Una Visita a la Biblioteca

Marie décida de visiter la bibliothèque pour trouver des livres afin d'en apprendre davantage sur son nouveau travail. Lorsqu'elle arriva à la bibliothèque, elle se dirigea vers la section des affaires et commença à chercher des livres.

Soudain, le bibliothécaire s'approcha d'elle et lui demanda:

– Bonjour, je m'appelle Paul. As-tu besoin d'aide pour trouver un livre?

– Oui, je recherche des livres sur les finances et les affaires, répondit Marie.

– Ah, je peux t'aider avec ça. As-tu trouvé des livres intéressants?

– Oui, j'ai trouvé quelques livres, mais je ne suis pas sûre s'ils sont adaptés. Pourrais-tu y jeter un coup d'œil?

– Bien sûr. Laisse-moi voir. Ah, voici un bon livre sur les finances personnelles. Et celui-ci parle des affaires internationales. Je pense qu'ils te seront utiles.

– Merci beaucoup. C'est exactement ce que je cherchais.

Après avoir sélectionné les livres, Marie s'assit à une table et commença à lire l'un d'entre eux. Soudain, un autre homme s'approcha d'elle et lui demanda:

– Bonjour, tu lis ce livre sur les finances personnelles? C'est un excellent livre, tu ne trouves pas?

– Oui, c'est vrai. J'apprends beaucoup.

– Au fait, je m'appelle Gabriel. Je travaille dans une entreprise d'investissement. Si jamais tu as besoin de conseils financiers, n'hésite pas à me demander.

– Merci, Gabriel. J'aimerais bien écouter tes conseils à l'avenir.

Marie était reconnaissante de l'aide qu'elle recevait de Paul et de Gabriel. Lorsqu'il a finalement trouvé les livres qu'il cherchait, il a décidé de les emprunter et de les lire dans le confort de sa maison.

***

Marie decidió visitar la biblioteca para encontrar libros que le ayudaran a aprender más sobre su nuevo trabajo. Cuando llegó a la biblioteca, se dirigió a la sección de negocios y comenzó a buscar libros.

De repente, el bibliotecario se le acercó y le preguntó:

– Hola, me llamo Paul. ¿Necesitas ayuda para encontrar un libro?

– Sí, estoy buscando libros sobre finanzas y negocios – respondió Marie.

– Ah, puedo ayudarte con eso. ¿Has encontrado algún libro interesante?

– Sí, he encontrado algunos libros, pero no estoy segura si son adecuados. ¿Podrías echarles un vistazo?

– Claro. Déjame ver. Ah, aquí hay un buen libro sobre finanzas personales. Y este habla de negocios internacionales. Creo que te serán útiles.

– Muchas gracias. Es exactamente lo que buscaba.

Después de seleccionar los libros, Marie se sentó en una mesa y comenzó a leer uno de ellos. De repente, otro hombre se le acercó y le preguntó:

– Hola, ¿estás leyendo este libro sobre finanzas personales? Es un excelente libro, ¿no crees?

– Sí, es verdad. Estoy aprendiendo mucho.

– Por cierto, me llamo Gabriel. Trabajo en una empresa de inversiones. Si alguna vez necesitas consejos financieros, no dudes en preguntarme.

– Gracias, Gabriel. Me encantaría escuchar tus consejos en el futuro.

Marie estaba agradecida por la ayuda que recibió de Paul y Gabriel. Cuando finalmente encontró los libros que buscaba, decidió tomarlos prestados y leerlos en la comodidad de su casa.

Chapitre 7: Une Journée à la Plage / Un Día en la Playa

Marie se réveilla tôt pour profiter d'une journée à la plage. C'était une journée ensoleillée et parfaite pour bronzer et nager dans la mer. Elle mit son maillot de bain, prit une serviette et sortit de chez elle en direction de la plage. Cependant, une fois arrivée là–bas, elle se rendit compte qu'elle avait oublié ses lunettes de soleil à la maison.

– Oh là là! J'ai oublié mes lunettes de soleil à la maison! – se lamenta Marie.

À ce moment–là, un garçon s'approcha d'elle et lui offrit une paire de lunettes de soleil.

– Bonjour, as–tu besoin d'aide? Je m'appelle Michel. – dit le garçon.

– Bonjour! Je m'appelle Marie. Je viens d'arriver à la plage et je viens de réaliser que j'ai oublié mes lunettes de soleil à la maison. – répondit Marie, surprise par cette offre d'aide.

– Ne t'inquiète pas, j'ai une paire de lunettes de soleil que tu peux utiliser pendant que tu es ici. – dit Michel avec un sourire.

– Merci beaucoup! – remercia Marie, soulagée et souriante.

De rien, j'espère que tu en profiteras. – dit Michel avant de prendre congé.

Marie passa la journée à la plage en prenant le soleil, en lisant un livre et en nageant dans la mer. Quand le soleil commença à se coucher, elle décida qu'il était temps de rentrer chez elle.

– Quelle merveilleuse journée! – se dit-elle à elle-même en marchant de retour chez elle.

Après avoir passé la journée à la plage, Marie se sentait complètement détendue et rajeunie. Elle était également reconnaissante pour la gentillesse de Michel, qui lui avait offert ses lunettes de soleil et avait rendu sa journée bien plus confortable.

***

Marie se despertó temprano para disfrutar de un día en la playa. Era un día soleado y perfecto para tomar el sol y nadar en el mar. Se puso su traje de baño, tomó una toalla y salió de su casa rumbo a la playa. Sin embargo, una vez que llegó, se dio cuenta de que había olvidado sus gafas de sol en casa.

– ¡Oh no! ¡He olvidado mis gafas de sol en casa! – se lamentó Marie.

En ese momento, un chico se le acercó y le ofreció un par de gafas de sol.

– Hola, ¿necesitas ayuda? Me llamo Michel – dijo el chico.

– ¡Hola! Me llamo Marie. Acabo de llegar a la playa y me acabo de dar cuenta de que olvidé mis gafas de sol en casa – respondió Marie, sorprendida por la oferta de ayuda.

– No te preocupes, tengo un par de gafas de sol que puedes usar mientras estés aquí – dijo Michel con una sonrisa.

– ¡Muchas gracias! – agradeció Marie, aliviada y sonriente.

– De nada, espero que las disfrutes – dijo Michel antes de despedirse.

Marie pasó el día en la playa tomando el sol, leyendo un libro y nadando en el mar. Cuando el sol comenzó a ponerse, decidió que era hora de volver a casa.

– ¡Qué día tan maravilloso! – se dijo a sí misma mientras caminaba de regreso a casa.

Después de pasar el día en la playa, Marie se sentía completamente relajada y rejuvenecida. También estaba agradecida por la amabilidad de Michel, quien le había ofrecido sus gafas de sol y había hecho que su día fuera mucho más cómodo.

Chapitre 8: Le Pique-nique de Marie et sa Famille / El Picnic de Marie y su Familia

Marie et sa famille ont décidé de faire un pique-nique au parc. La maman de Marie a préparé des sandwiches au jambon et au fromage, et son papa a apporté des pommes et des bouteilles d'eau.

Marie était excitée car elle adorait passer du temps en plein air. Ils se sont assis sur une couverture et ont commencé à manger.

– C'est délicieux! – dit Marie en mastiquant un sandwich.

– Je suis contente que ça te plaise, Marie – répondit sa maman avec un sourire.

Pendant qu'ils mangeaient, Marie a vu un enfant jouer avec son chien.

– Quel joli chien! – s'exclama Marie.

– Oui, il est très joueur. – dit son papa.

Après avoir mangé, Marie a décidé qu'elle voulait jouer avec le chien.

– Penses-tu que je pourrais jouer avec lui, papa? – demanda Marie.

– Tu dois demander au garçon. – répondit papa.

Marie s'est approchée du propriétaire du chien et lui a demandé si elle pouvait jouer avec lui. Le propriétaire a acquiescé et Marie a commencé à jouer avec le chien.

– Ce chien est très amusant! – dit Marie alors que le chien sautait et remuait la queue.

Après avoir joué un moment, Marie et sa famille ont rangé leurs affaires et sont rentrés chez eux, emportant avec eux les souvenirs spéciaux d'une journée amusante avec des rires, de la délicieuse nourriture et des moments partagés au parc.

***

Marie y su familia decidieron hacer un picnic en el parque. La mamá de Marie preparó sándwiches de jamón y queso, y su papá trajo manzanas y botellas de agua.

Marie estaba emocionada porque le encantaba pasar tiempo al aire libre. Se sentaron en una manta y comenzaron a comer.

– ¡Está delicioso! – dijo Marie mientras masticaba un sándwich.

– Me alegra que te guste, Marie – respondió su mamá con una sonrisa.

Mientras comían, Marie vio a un niño jugando con su perro.

– ¡Qué perro tan bonito! – exclamó Marie.

– Sí, es muy juguetón – dijo su papá.

Después de comer, Marie decidió que quería jugar con el perro.

– ¿Crees que puedo jugar con él, papá? – preguntó Marie.

– Debes preguntar al niño – respondió su papá.

Marie se acercó al dueño del perro y le preguntó si podía jugar con él. El dueño asintió y Marie comenzó a jugar con el perro.

– ¡Este perro es muy divertido! – dijo Marie mientras el perro saltaba y movía la cola.

Después de jugar un rato, Marie y su familia recogieron sus cosas y volvieron a casa, llevando consigo los recuerdos especiales de un día divertido con risas, comida deliciosa y momentos compartidos en el parque.

Chapitre 9: Fête d'Anniversaire / Fiesta de Cumpleaños

Marie était très excitée car c'était son anniversaire aujourd'hui et sa meilleure amie, Anne, lui avait préparé une surprise spéciale. Anne lui avait dit de se retrouver dans un parc voisin pour célébrer ensemble.

Quand Marie arriva au parc, elle vit qu'Anne avait préparé une petite fête surprise avec des ballons et un délicieux gâteau au chocolat.

– Joyeux anniversaire, Marie! – dit Anne avec enthousiasme en lui donnant un cadeau.

– Merci beaucoup, Anne! Je n'arrive pas à croire que tu aies fait tout cela pour moi.

Après avoir mangé un morceau de gâteau et ouvert son cadeau, Marie décida qu'elle voulait jouer dans le parc.

– Veux–tu jouer au ballon, Anne? – demanda Marie.

– Bien sûr! Allons jouer.

Marie et Anne commencèrent à jouer au ballon tout en riant et en profitant de la belle journée.

– Oh, Anne, tu m'as presque touchée avec le ballon! – s'exclama Marie surprise.

– Hahaha, désolée, Marie. – répondit Anne en riant – J'essaierai d'avoir une meilleure précision!

Après avoir joué, Marie et Anne s'assirent dans l'herbe pour se reposer et parler de la belle journée qu'elles avaient passée. Elles réalisèrent à quel point elles étaient chanceuses d'être des amies spéciales et de pouvoir célébrer ensemble. Marie souffla les bougies de son gâteau une fois de plus, souhaitant que leur amitié avec Anne reste toujours forte et remplie de bonheur dans le futur.

***

Marie estaba muy emocionada porque hoy era su cumpleaños y su mejor amiga, Anne, le había preparado una sorpresa especial. Anne le había dicho que se encontraran en un parque cercano para celebrar juntas.

Cuando Marie llegó al parque, vio que Anne había preparado una pequeña fiesta sorpresa con globos y un delicioso pastel de chocolate.

– ¡Feliz cumpleaños, Marie! – dijo Anne con entusiasmo mientras le daba un regalo.

– ¡Muchas gracias, Anne! No puedo creer que hayas hecho todo esto para mí.

Después de comer un trozo de pastel y abrir su regalo, Marie decidió que quería jugar en el parque.

– ¿Quieres jugar a la pelota, Anne? – preguntó Marie.

– ¡Claro! Vamos a jugar.

Marie y Anne comenzaron a jugar a la pelota mientras reían y disfrutaban del hermoso día.

– ¡Oh, Anne, casi me golpeas con la pelota! – exclamó Marie sorprendida.

– Hahaha, lo siento, Marie – respondió Anne riendo – ¡Intentaré ser más precisa!

Después de jugar, Marie y Anne se sentaron en el césped para descansar y hablar sobre el hermoso día que habían pasado. Se dieron cuenta de lo afortunadas que eran de ser amigas especiales y de poder celebrar juntas. Marie sopló las velas de su pastel una vez más, deseando que su amistad con Anne siempre fuera fuerte y llena de felicidad en el futuro.

Chapitre 10: La Visite au Zoo / La Visita al Zoológico

Marie et sa famille ont décidé d'emmener sa jeune cousine en excursion au zoo. La petite fille était excitée car elle n'y avait jamais été auparavant et adorait les animaux.

Lorsqu'elles sont arrivées, elles ont acheté les billets et ont commencé à explorer le zoo. Elles ont vu des lions, des girafes, des singes et de nombreux autres animaux intéressants.

La cousine était particulièrement excitée de voir les pingouins. Elle adorait les voir glisser dans l'eau et marcher maladroitement sur la glace.

Pendant qu'elles regardaient les pingouins, la cousine a remarqué qu'un des gardiens du zoo entrait dans l'enclos des pingouins avec un seau de poisson.

– Marie, pourquoi le gardien donne des poissons aux pingouins? – demanda la cousine en pointant le gardien.

– Les pingouins doivent être nourris régulièrement pour rester en bonne santé – répondit Marie. – Ils mangent principalement du poisson.

La cousine observait attentivement le gardien distribuer les poissons. Elle remarqua que les pingouins se bousculaient joyeusement pour attraper leur repas.

– Regarde comme ils sont contents! – s'exclama-t-elle, ravie de voir les pingouins si actifs.

Après que tous les pingouins eurent mangé, le gardien se dirigea vers la sortie de l'enclos. La cousine se demanda ce que cela ferait de travailler avec des animaux tous les jours.

– Marie, est-ce que je pourrais devenir gardienne de zoo quand je serai grande? – demanda-t-elle avec enthousiasme.

– Bien sûr, si c'est ce que tu veux faire. Tu devras beaucoup étudier et apprendre sur les animaux – répondit Marie en souriant.

La cousine se sentait inspirée par sa journée au zoo et décida qu'elle allait en apprendre davantage sur les animaux.

***

Marie y su familia decidieron llevar a su prima pequeña de excursión al zoológico. La niña estaba emocionada porque nunca había estado antes y le encantaban los animales.

Cuando llegaron, compraron las entradas y comenzaron a explorar el zoológico. Vieron leones, jirafas, monos y muchos otros animales interesantes.

La prima estaba especialmente emocionada de ver los pingüinos. Le encantaba verlos deslizarse en el agua y caminar torpemente sobre el hielo.

Mientras observaban a los pingüinos, la prima notó que uno de los cuidadores del zoológico entraba en el recinto de los pingüinos con un cubo de pescado.

– Marie, ¿por qué el cuidador les da peces a los pingüinos? –

preguntó la prima señalando al cuidador.

– Los pingüinos necesitan ser alimentados regularmente para mantenerse saludables – respondió Marie. – Principalmente comen pescado.

La prima observaba atentamente al cuidador distribuir los peces. Notó que los pingüinos se empujaban alegremente para atrapar su comida.

– ¡Mira qué contentos están! – exclamó, encantada de ver a los pingüinos tan activos.

Después de que todos los pingüinos hubieran comido, el cuidador se dirigió a la salida del recinto. La prima se preguntó cómo sería trabajar con animales todos los días.

– Marie, ¿puedo ser cuidadora de zoológico cuando sea grande? – preguntó con entusiasmo.

– Claro, si es lo que quieres hacer. Tendrás que estudiar mucho y aprender sobre los animales – respondió Marie sonriendo.

La prima se sintió inspirada por su día en el zoológico y decidió que aprendería más sobre los animales.

Chapitre 11: Le Cours de Yoga / La Clase de Yoga

Marie voulait trouver un moyen de se détendre après une journée de travail stressante, alors elle décida de suivre un cours de yoga dans sa salle de sport locale. Quand elle arriva, elle se joignit à un groupe de personnes qui étaient déjà en train de faire des étirements et de méditer.

Marie trouva le cours de yoga très relaxant et commença à l'apprécier. Mais quand l'instructeur lui demanda de faire une posture compliquée, elle se sentit un peu incertaine.

– Je ne suis pas sûre de pouvoir faire ça – dit Marie.

– Ne t'inquiète pas, Marie. Tu peux essayer. Si tu n'y arrives pas, fais simplement de ton mieux – répondit l'instructeur avec un sourire.

Marie fit de son mieux et réussit finalement à faire la posture. Elle se sentit très fière d'elle-même et reconnaissante pour la patience de l'instructeur.

Après le cours, Marie s'approcha de l'instructeur et lui demanda s'il y avait un moyen de pratiquer le yoga à la maison.

Oui, il y a beaucoup de vidéos de yoga en ligne que tu peux suivre chez toi. Tu peux aussi acheter un tapis de yoga et pratiquer dans ton salon.

– Merci pour le conseil. Je vais certainement essayer – dit Marie en prenant congé de l'instructeur.

Quand elle rentra chez elle, Marie chercha des vidéos de yoga en ligne et commença à les suivre. Elle découvrit que pratiquer le yoga à la maison était très pratique et relaxant.

***

Marie quería encontrar una manera de relajarse después de un día de trabajo estresante, así que decidió asistir a una clase de yoga en su gimnasio local. Cuando llegó, se unió a un grupo de personas que ya estaban estirándose y meditando.

Marie encontró la clase de yoga muy relajante y comenzó a disfrutarla. Pero cuando el instructor le pidió que hiciera una postura complicada, se sintió un poco insegura.

– No estoy segura de poder hacer esto – dijo Marie.

– No te preocupes, Marie. Puedes intentarlo. Si no puedes, solo haz lo mejor que puedas – respondió el instructor con una sonrisa.

Marie hizo lo mejor que pudo y finalmente logró hacer la postura. Se sintió muy orgullosa de sí misma y agradecida por la paciencia del instructor.

Después de la clase, Marie se acercó al instructor y le preguntó si había una manera de practicar yoga en casa.

– Sí, hay muchos videos de yoga en línea que puedes seguir en casa. También puedes comprar una esterilla de yoga y practicar en tu salón.

– Gracias por el consejo. Definitivamente lo intentaré – dijo

Marie despidiéndose del instructor.

Cuando llegó a casa, Marie buscó videos de yoga en línea y comenzó a seguirlos. Descubrió que practicar yoga en casa era muy conveniente y relajante.

Chapitre 12: L'Aventure au Musée / La Aventura en el Museo

Un jour, Marie décida de visiter le musée de sa ville pour découvrir des choses intéressantes. Elle revêtit des vêtements confortables, prit son sac à dos et se dirigea vers le musée avec enthousiasme.

Arrivée au musée, Marie fut émerveillée par l'immense entrée et les magnifiques sculptures qui ornaient les lieux. Elle entra dans le musée et se dirigea vers le comptoir d'information.

– Bonjour! Pouvez–vous me donner des informations sur les expositions? – demanda Marie avec enthousiasme.

– Bonjour! Bien sûr, nous avons différentes salles d'expositions d'art, d'histoire et de science. Que souhaiteriez–vous explorer en premier? – répondit aimablement l'employé.

– J'aimerais commencer par la salle d'art. Où puis–je la trouver? – demanda Marie avec curiosité.

– La salle d'art se trouve au deuxième étage. Vous devez simplement monter les escaliers et tourner à gauche – expliqua l'employé.

– Merci pour les informations! – remercia Marie avec un sourire.

Marie monta les escaliers et pénétra dans la salle d'art. Elle s'arrêta devant un tableau et commença à l'admirer. À ce moment–là, un enfant nommé Nicolas s'approcha d'elle.

– Salut, est–ce que cette peinture te plaît? – demanda Nicolas avec curiosité.

– Salut! Oui, j'adore. Les couleurs sont très belles – répondit Marie avec enthousiasme.

– Sais–tu quoi? Ma maman est artiste et elle m'a beaucoup appris sur la peinture. Je peux te parler davantage de cette œuvre si tu veux – proposa gentiment Nicolas.

– Bien sûr! J'aimerais beaucoup en savoir plus – dit Marie avec enthousiasme.

Nicolas commença à lui expliquer les détails de la peinture et partagea quelques informations intéressantes sur l'artiste. Marie était ravie d'apprendre de nouvelles choses. Finalement, elle remercia Nicolas pour son aide et poursuivit son aventure au musée.

***

Un día, Marie decidió visitar el museo de su ciudad para descubrir cosas interesantes. Se puso ropa cómoda, tomó su mochila y se dirigió al museo con entusiasmo.

Al llegar al museo, Marie quedó maravillada por la enorme entrada y las magníficas esculturas que adornaban el lugar. Entró al museo y se dirigió al mostrador de información.

– ¡Hola! ¿Podría darme información sobre las exposiciones? – preguntó Marie con entusiasmo.

– ¡Hola! Claro, tenemos diferentes salas de exposiciones de

arte, historia y ciencia. ¿Qué te gustaría explorar primero? – respondió amablemente el empleado.

– Me gustaría empezar por la sala de arte. ¿Dónde puedo encontrarla? – preguntó Marie con curiosidad.

– La sala de arte está en el segundo piso. Solo tienes que subir las escaleras y girar a la izquierda – explicó el empleado.

– ¡Gracias por la información! – agradeció Marie con una sonrisa.

Marie subió las escaleras y entró en la sala de arte. Se detuvo frente a un cuadro y comenzó a admirarlo. En ese momento, un niño llamado Nicolás se le acercó.

– Hola, ¿te gusta esta pintura? – preguntó Nicolás con curiosidad.

– ¡Hola! Sí, me encanta. Los colores son muy bonitos – respondió Marie con entusiasmo.

– ¿Sabes qué? Mi mamá es artista y me ha enseñado mucho sobre pintura. Puedo contarte más sobre esta obra si quieres – ofreció amablemente Nicolás.

– ¡Claro! Me encantaría saber más – dijo Marie con entusiasmo.

Nicolás comenzó a explicarle los detalles de la pintura y compartió algunas informaciones interesantes sobre el artista. Marie estaba encantada de aprender cosas nuevas. Finalmente, agradeció a Nicolás por su ayuda y continuó su aventura en el museo.

Chapitre 13: Prendre soin de l'Animal de Compagnie d'un Ami / Cuidando la Mascota de un Amigo

Marie était une enfant responsable et amoureuse des animaux. Un jour, son ami Daniel lui demanda un service très important.

– Salut, Marie! Je dois quitter la ville et j'ai besoin que tu prennes soin de mon chat, Thomas. Pourrais–tu le faire? – demanda Daniel.

– Salut, Daniel! Bien sûr, j'adorerais prendre soin de Thomas. Je sais à quel point il est important pour toi – répondit Marie.

Marie est arrivée chez Daniel et a trouvé Thomas qui l'attendait dans le salon. Après s'être assurée qu'il avait de la nourriture, de l'eau et des jouets, Marie s'est occupée de lui pendant plusieurs jours. Elle l'a aussi emmené au parc où Thomas a joué avec d'autres chats et a profité de l'air frais. Marie et Thomas devinrent amis et s'amusèrent ensemble.

À la fin de la semaine, Daniel revint et Marie lui raconta toutes les aventures qu'elle avait eues avec Thomas.

– Merci, Marie! Je suis ravi de savoir que Thomas était entre de bonnes mains. Tu es une grande amie – dit Daniel reconnaissant.

– De rien, Daniel. Prendre soin de Thomas a été un réel plaisir. Je serai toujours là pour t'aider quand tu en auras besoin.

Marie dit au revoir à Thomas avec tendresse, sachant qu'elle avait créé un lien spécial avec lui pendant leur temps ensemble. Elle était heureuse d'avoir pu aider son ami et prendre soin de son cher animal de compagnie.

***

Marie era una niña responsable y amante de los animales. Un día, su amigo Daniel le pidió un favor muy importante.

– ¡Hola, Marie! Tengo que salir de la ciudad y necesito que cuides a mi gato, Thomas. ¿Podrías hacerlo? – preguntó Daniel.

– ¡Hola, Daniel! Claro, me encantaría cuidar de Thomas. Sé lo importante que es para ti – respondió Marie.

Marie llegó a la casa de Daniel y encontró a Thomas esperándola en la sala. Después de asegurarse de que tuviera comida, agua y juguetes, Marie se ocupó de él durante varios días. También lo llevó al parque donde Thomas jugó con otros gatos y disfrutó del aire fresco. Marie y Thomas se hicieron amigos y se divirtieron juntos.

Al final de la semana, Daniel regresó y Marie le contó todas las aventuras que había tenido con Thomas.

– ¡Gracias, Marie! Estoy encantado de saber que Thomas estuvo en buenas manos. Eres una gran amiga – dijo Daniel agradecido.

– De nada, Daniel. Cuidar de Thomas fue un verdadero placer. Siempre estaré aquí para ayudarte cuando lo necesites.

Marie se despidió de Thomas con ternura, sabiendo que había

creado un vínculo especial con él durante su tiempo juntos. Estaba feliz de haber podido ayudar a su amigo y cuidar de su querida mascota.

Chapitre 14: Le Premier Vol / El Primer Vuelo

Marie était excitée car elle allait faire son premier voyage en avion. Elle avait économisé de l'argent pendant longtemps et enfin, le jour était venu de voler vers un pays étranger. Elle était à l'aéroport, avec sa valise et son passeport en main.

– Bonjour, comment puis-je vous aider? – demanda l'hôtesse.

– Bonjour, j'ai un vol pour Londres. À quel portail d'embarquement dois-je me rendre?

L'hôtesse lui donna les informations sur le portail d'embarquement et Marie s'y dirigea. Une fois à bord de l'avion, elle chercha son siège et s'assit à côté d'une femme sympathique.

– Bonjour, est-ce le siège 15B? – demanda Marie avec excitation.

– Oui, c'est bien ça. Est-ce ton premier vol? – répondit la femme avec un sourire.

– Oui, c'est mon premier vol! – répondit Marie excitée – Je suis tellement excitée mais aussi un peu nerveuse.

– Ne t'inquiète pas, les vols sont très sûrs. Tu t'habitueras rapidement. – dit la femme en la rassurant.

L'avion décolla et Marie regardait par la fenêtre pendant que le paysage devenait de plus en plus petit à mesure qu'ils gagnaient de l'altitude.

– Regarde, nous survolons les nuages! – s'exclama Marie excitée.

– Oui, c'est magnifique, n'est–ce pas? Profite du voyage. – répondit la femme en souriant.

Pendant le vol, Marie écoutait attentivement les instructions du personnel de cabine et suivait les indications pour attacher sa ceinture de sécurité et éteindre les appareils électroniques.

Finalement, l'avion atterrit à l'aéroport de Londres et Marie dit au revoir à la femme avec qui elle avait partagé le vol.

****

Marie estaba emocionada porque iba a hacer su primer viaje en avión. Había ahorrado dinero durante mucho tiempo y finalmente, el día había llegado para volar a un país extranjero. Estaba en el aeropuerto, con su maleta y su pasaporte en mano.

– ¡Hola, ¿cómo puedo ayudarte? – preguntó la azafata.

– Hola, tengo un vuelo a Londres. ¿A qué puerta de embarque debo ir?

La azafata le dio la información sobre la puerta de embarque y Marie se dirigió hacia allí. Una vez a bordo del avión, buscó su asiento y se sentó junto a una mujer simpática.

– Hola, ¿es este el asiento 15B? – preguntó Marie con emoción.

– Sí, lo es. ¿Es tu primer vuelo? – respondió la mujer con una sonrisa.

– ¡Sí, es mi primer vuelo! – respondió Marie emocionada – Estoy tan emocionada pero también un poco nerviosa.

– No te preocupes, los vuelos son muy seguros. Te acostumbrarás rápidamente. – dijo la mujer tranquilizándola.

El avión despegó y Marie miraba por la ventana mientras el paisaje se hacía cada vez más pequeño a medida que ganaban altitud.

– ¡Mira, estamos sobrevolando las nubes! – exclamó Marie emocionada.

– Sí, es hermoso, ¿verdad? Disfruta del viaje. – respondió la mujer sonriendo.

Durante el vuelo, Marie escuchaba atentamente las instrucciones del personal de cabina y seguía las indicaciones para abrocharse el cinturón de seguridad y apagar los dispositivos electrónicos.

Finalmente, el avión aterrizó en el aeropuerto de Londres y Marie se despidió de la mujer con quien había compartido el vuelo.

Chapitre 15: Le Festival de Musique / El Festival de Música

Marie était excitée car ce week-end se déroulait le festival de musique dans sa ville. Elle en avait entendu parler depuis des mois et elle était impatiente. Elle partit avec son ami Manuel au centre-ville, où se tenait le festival.

Lorsqu'ils arrivèrent sur le site du festival, ils furent émerveillés par l'ambiance festive qui régnait en ces lieux. La musique résonnait à chaque coin de rue et l'énergie était contagieuse.

– Regarde, il y a une scène principale! Allons-y en premier – fit remarquer Marie.

– Oui, absolument! Je veux voir ce groupe de rock que j'aime tant – dit Manuel en souriant.

Une fois devant la scène, la musique commença à jouer et la scène s'illumina de lumières éclatantes. Marie et Manuel sautaient, chantaient et se laissaient emporter par l'énergie du groupe.

– Cette chanson est ma préférée! Profitons au maximum! – s'exclama Marie.

Après un concert palpitant, ils découvrirent la scène de musique latine, où un groupe de salsa jouait.

– J'aime beaucoup la musique latine! Veux-tu danser avec moi? – demanda Marie.

– Bien sûr, allons profiter de la musique latine ensemble! – répondit Manuel.

Ils dansèrent au rythme de la salsa et s'amusèrent avec les autres spectateurs qui appréciaient également le spectacle.

– Quelle journée incroyable! Je suis très heureuse d'être venue au festival – commenta Marie avec joie.

À la fin du festival, Marie se sentait très heureuse et a commenté que c'était une journée fantastique. Elle avait hâte de revenir au festival l'année prochaine.

***

Marie estaba emocionada porque este fin de semana se celebraba el festival de música en su ciudad. Había oído hablar de él durante meses y estaba impaciente. Se fue con su amigo Manuel al centro de la ciudad, donde se celebraba el festival.

Cuando llegaron al lugar del festival, quedaron maravillados por la atmósfera festiva que reinaba en el lugar. La música resonaba en cada esquina y la energía era contagiosa.

– ¡Mira, hay un escenario principal! Vamos primero allí – señaló Marie.

– ¡Sí, absolutamente! Quiero ver a esta banda de rock que me gusta tanto – dijo Manuel sonriendo.

Una vez frente al escenario, la música comenzó a sonar y el escenario se iluminó con luces brillantes. Marie y Manuel saltaron, cantaron y se dejaron llevar por la energía de la banda.

– ¡Esta canción es mi favorita! ¡Disfrutemos al máximo! –
exclamó Marie.

Después de un emocionante concierto, descubrieron el
escenario de música latina, donde una banda de salsa estaba
tocando.

– ¡Me encanta la música latina! ¿Quieres bailar conmigo? –
preguntó Marie.

– Claro, vamos a disfrutar de la música latina juntos –
respondió Manuel.

Bailaron al ritmo de la salsa y se divirtieron con los demás
espectadores que también disfrutaban del espectáculo.

– ¡Qué día increíble! Estoy muy feliz de haber venido al festival
– comentó Marie con alegría.

Al final del festival, Marie se sentía muy feliz y comentó que
había sido un día fantástico. Estaba deseando volver al festival
el próximo año.

Chapitre 16: La Balade à Vélo / El Paseo en Bicicleta

Marie était excitée parce que c'était une belle journée ensoleillée et elle décida de faire une balade à vélo. Elle mit son casque et prit son vélo dans le garage.

Alors qu'elle pédalait dans les rues de sa ville, elle vit son amie Sophie à cheval.

– Salut Sophie! Que fais-tu par ici? – s'exclama Marie enthousiaste.

– Salut Marie! – répondit Sophie surprise – Je me dirigeais vers le parc. Tu veux te joindre à moi?

– Bien sûr! Ce serait génial.

Marie et Sophie enfourchèrent leurs vélos et commencèrent à pédaler ensemble sur la piste cyclable. Elles profitaient de la brise sur leur visage tout en discutant.

Elles arrivèrent au parc et virent un lac avec des cannerds nageant. Elles décidèrent de s'arrêter et de les observer un instant.

– Regarde, Marie, les canetons sont si mignons – Sophie indiqua le lac – J'adore la nature que l'on trouve ici.

– Oui, c'est merveilleux – répondit Marie excitée – Je me sens si paisible entourée d'une telle beauté.

Finalement, Marie et Sophie retournèrent au point de départ

où elles avaient laissé leurs vélos. Elles descendirent et s'assirent sur un banc pour se reposer.

– Merci de m'avoir invitée à cette balade à vélo, Sophie – dit Marie joyeusement – C'était merveilleux.

– De rien, Marie, répondit Sophie en souriant. Je suis ravie que tu aies apprécié. Nous devrions certainement le faire plus souvent.

Avec un sourire sur leurs visages et le cœur rempli de joie, Marie et Sophie se dirent au revoir et décidèrent de planifier plus d'aventures à vélo ensemble.

***

Marie estaba emocionada porque era un hermoso día soleado y decidió dar un paseo en bicicleta. Se puso su casco y sacó su bicicleta del garaje.

Mientras pedaleaba por las calles de su ciudad, vio a su amiga Sophie a caballo.

– ¡Hola, Sophie! ¿Qué haces por aquí? – exclamó Marie entusiasmada.

– ¡Hola, Marie! – respondió Sophie sorprendida – Me dirigía al parque. ¿Quieres unirte a mí?

– ¡Claro! Sería genial.

Marie y Sophie montaron sus bicicletas y comenzaron a pedalear juntas por la ciclovía. Disfrutaban de la brisa en sus rostros mientras conversaban.

Llegaron al parque y vieron un lago con patos nadando. Decidieron detenerse y observarlos por un momento.

– Mira, Marie, los patitos son tan adorables – Sophie señaló el lago – Me encanta la naturaleza que se encuentra aquí.

– Sí, es maravilloso – respondió Marie emocionada – Me siento tan en paz rodeada de tanta belleza.

Finalmente, Marie y Sophie regresaron al punto de partida donde habían dejado sus bicicletas. Bajaron y se sentaron en un banco para descansar.

– Gracias por invitarme a este paseo en bicicleta, Sophie – dijo Marie alegremente – Fue maravilloso.

– De nada, Marie – respondió Sophie sonriendo – Me alegra que lo hayas disfrutado. Definitivamente deberíamos hacerlo más a menudo.

Con una sonrisa en sus rostros y el corazón lleno de alegría, Marie y Sophie se despidieron y decidieron planear más aventuras en bicicleta juntas.

Chapitre 17: Préparation d'un Repas Spécial / Preparando una Comida Especial

Le jour était arrivé où Marie voulait surprendre sa famille avec un repas spécial. Elle était excitée et déterminée à préparer quelque chose de délicieux. Elle mit son tablier et se dirigea vers la cuisine.

– Bonjour maman, bonjour papa! – s'exclama Marie en entrant dans la maison. – Aujourd'hui, je veux préparer un repas spécial pour tout le monde. Aimeriez-vous essayer quelque chose de différent?

– Bien sûr, ma fille! répondit le père. Qu'as-tu en tête?

– Je veux faire des pâtes avec une sauce tomate maison et des boulettes de viande. Ça vous convient? demanda Marie.

– Ça a l'air délicieux! dit la mère avec enthousiasme. As-tu besoin d'aide?

– Ce serait génial si tu m'aides avec la sauce tomate pendant que je prépare les boulettes de viande.

Marie et sa mère se rendirent à la cuisine. Marie épluchait les tomates pendant que sa mère faisait chauffer une poêle avec de l'huile d'olive. Après avoir mélangé les ingrédients de la recette, elle forma des petites boules et les disposa sur une plaque de cuisson. Après un certain temps, la sauce tomate était prête et les boulettes de viande doraient au four.

– Le repas est prêt! s'exclama Marie. Venez à table.

La famille savoura le délicieux repas que Marie avait préparé avec amour.

– Marie, ce repas est incroyable, dit le père avec un sourire. Tu es une véritable chef!

– Je suis très fière de toi, ma fille, ajouta la mère avec satisfaction.

– Merci, maman, papa – répondit Marie avec joie – Je suis heureux que vous ayez aimé.

Avec un sourire sur leur visage, la famille profita d'un moment spécial en partageant un délicieux repas et l'amour qu'ils y avaient mis en le préparant.

***

El día había llegado en el que Marie quería sorprender a su familia con una comida especial. Estaba emocionada y decidida a preparar algo delicioso. Se puso su delantal y se dirigió a la cocina.

– ¡Hola mamá, hola papá! – exclamó Marie al entrar en la casa.
– Hoy quiero preparar una comida especial para todos. ¿Les gustaría probar algo diferente?

– ¡Claro, hija! – respondió el padre. ¿Qué tienes en mente?

– Quiero hacer pasta con salsa de tomate casera y albóndigas. ¿Les parece bien? – preguntó Marie.

– ¡Suena delicioso! – dijo la madre con entusiasmo. ¿Necesitas ayuda?

– Sería genial si me ayudas con la salsa de tomate mientras preparo las albóndigas.

Marie y su madre se dirigieron a la cocina. Marie pelaba los tomates mientras su madre calentaba una sartén con aceite de oliva. Después de mezclar los ingredientes de la receta, formó pequeñas bolas y las colocó en una bandeja para hornear. Después de un tiempo, la salsa de tomate estaba lista y las albóndigas dorándose en el horno.

– ¡La comida está lista! – exclamó Marie. Vengan a la mesa.

La familia disfrutó de la deliciosa comida que Marie había preparado con amor.

– Marie, esta comida es increíble – dijo el padre con una sonrisa. ¡Eres una verdadera chef!

– Estoy muy orgullosa de ti, hija – añadió la madre con satisfacción.

– Gracias, mamá, papá – respondió Marie con alegría – Me alegra que les haya gustado.

Con una sonrisa en sus rostros, la familia disfrutó de un momento especial compartiendo una deliciosa comida y el amor que habían puesto al prepararla.

Chapitre 18: Une Excursion en Montagne / Una Excursión en la Montaña

Marie et ses amis Pierre et Laura ont décidé de se lancer dans une excitante excursion en montagne. Ils se sont retrouvés tôt au point de rendez-vous convenu, portant des sacs à dos avec de l'eau et des collations. Ils ont commencé à marcher sur le sentier, en suivant les panneaux.

– Wow, les vues sont impressionnantes ici en haut. – s'exclama Marie avec enthousiasme.

– Oui, ça vaut chaque pas que nous faisons. – répondit Pierre.

Ils ont continué à monter, ont profité du magnifique paysage et se sont reposés près d'un ruisseau. Alors qu'ils descendaient le sentier, Pierre a montré un arbre particulier en s'exclamant:

– Regardez cet arbre géant! On dirait qu'il sort d'un conte.

Marie et Laura se sont arrêtées pour admirer l'arbre majestueux et ont affiché leur émotion avec un sourire sur leurs visages. Ensuite, ils ont continué à monter, affrontant des terrains difficiles. Au fur et à mesure de leur ascension, le terrain devenait plus raide et plus difficile.

– Ne baissons pas les bras! Nous y sommes presque. – encouragea Marie le groupe.

Finalement, ils sont arrivés au sommet et ont été impressionnés par la vue panoramique.

– Quel endroit incroyable! – dit Laura admirative.

– Ça valait tous les efforts! – s'exclama Pierre, enthousiaste.

Ils ont passé un moment à profiter de l'instant, absorbant la sérénité et la grandeur de la nature qui les entourait.

Ils se sont reposés un peu puis ont commencé à redescendre, emportant avec eux des souvenirs spéciaux.

– Ce fut une expérience incroyable. – remercia Marie – Merci pour cette journée.

– La nature nous donne de l'énergie. – répondit Pierre reconnaissant – C'était génial de partager cela avec toi.

Avec un sentiment de satisfaction et de joie, ils sont rentrés chez eux, sachant qu'ils avaient vécu une aventure unique et impatients de futures explorations ensemble.

***

Marie y sus amigos Pierre y Laura decidieron embarcarse en una emocionante excursión en la montaña. Se encontraron temprano en el punto de encuentro acordado, llevando mochilas con agua y bocadillos. Comenzaron a caminar por el sendero, siguiendo las señales.

– ¡Wow, las vistas son impresionantes aquí arriba! – exclamó Marie con entusiasmo.

– Sí, vale la pena cada paso que damos – respondió Pierre.

Continuaron subiendo, disfrutando del hermoso paisaje y

descansando cerca de un arroyo. Mientras descendían por el sendero, Pierre señaló un árbol particular exclamando:

– ¡Miren ese árbol gigante! Parece sacado de un cuento.

Marie y Laura se detuvieron para admirar el majestuoso árbol y mostraron su emoción con una sonrisa en sus rostros. Luego, continuaron subiendo, enfrentando terrenos difíciles. A medida que ascendían, el terreno se volvía más empinado y desafiante.

– ¡No nos rindamos! Ya casi llegamos – animó Marie al grupo.

Finalmente, llegaron a la cima y quedaron impresionados por la vista panorámica.

– ¡Qué lugar tan increíble! – dijo Laura admirada.

– ¡Valió la pena todo el esfuerzo! – exclamó Pierre, entusiasmado.

Pasaron un tiempo disfrutando del momento, absorbiendo la serenidad y la grandeza de la naturaleza que los rodeaba.

Se relajaron un poco y luego comenzaron a descender, llevándose recuerdos especiales.

– Fue una experiencia increíble – agradeció Marie – Gracias por este día.

– La naturaleza nos da energía – respondió Pierre agradecido – Fue genial compartir esto contigo.

Con un sentimiento de satisfacción y alegría, regresaron a casa, sabiendo que habían vivido una aventura única y deseando futuras exploraciones juntos.

Chapitre 19: Apprendre à Danser la Salsa / Aprendiendo a Bailar Salsa

Marie avait décidé d'apprendre à danser la salsa, et aujourd'hui était son premier cours. Elle est arrivée tôt au studio de danse et a retrouvé son amie Angèle.

– Salut Angèle! – s'exclama Marie, excitée – Es–tu prête à apprendre à danser la salsa?

– Salut Marie! – répondit Angèle – Oui, je suis excitée mais aussi un peu nerveuse. Je n'ai jamais dansé la salsa auparavant.

– Ne t'inquiète pas, je suis sûre que nous allons bien faire!

Après un moment, le professeur de salsa, Charles, entra dans la salle.

– Salut les filles! – dit Charles avec enthousiasme – Bienvenue au cours de salsa.

Le cours commença par un échauffement pour préparer les muscles. Ensuite, Charles leur enseigna les pas de base de la salsa.

– Commencez avec le pied droit, faites un pas sur le côté. – expliqua Charles – Ensuite, amenez le pied gauche vers le pied droit et replacez le pied droit à sa place. Répétez de l'autre côté.

Après avoir pratiqué les pas de base, Charles leur montra des mouvements plus difficiles.

– Maintenant, nous allons faire des tours et des rotations. – dit

Charles – Écoutez mes instructions et suivez le rythme de la musique.

Marie et Angèle s'efforcèrent de suivre les instructions de Charles. Au fur et à mesure de leur pratique, elles se sentaient plus confiantes et commençaient à comprendre le rythme de la salsa.

À la fin du cours, Charles félicita Marie et Angèle pour leurs progrès.

– Vous avez très bien fait, les filles! Continuez à pratiquer et vous deviendrez bientôt d'excellentes danseuses de salsa.

– Merci, Charles! – remercia Marie – À la prochaine classe.

Au son de la musique de salsa résonnant dans le studio, Marie et Angèle sortirent avec énergie et joie, prêtes à poursuivre leur aventure dans le monde de la danse.

***

Marie había decidido aprender a bailar salsa, y hoy era su primera clase. Llegó temprano al estudio de baile y se encontró con su amiga Angèle.

– ¡Hola Angèle! – exclamó Marie, emocionada – ¿Estás lista para aprender a bailar salsa?

– ¡Hola Marie! – respondió Angèle – Sí, estoy emocionada pero también un poco nerviosa. Nunca he bailado salsa antes.

– No te preocupes, estoy segura de que lo haremos bien.

Después de un momento, el profesor de salsa, Charles, entró en la sala.

– ¡Hola chicas! – dijo Charles con entusiasmo – Bienvenidas a la clase de salsa.

La clase comenzó con un calentamiento para preparar los músculos. Luego, Charles les enseñó los pasos básicos de la salsa.

– Empiecen con el pie derecho, den un paso hacia el lado – explicó Charles – Luego, lleven el pie izquierdo hacia el pie derecho y vuelvan a colocar el pie derecho en su lugar. Repitan del otro lado.

Después de practicar los pasos básicos, Charles les mostró movimientos más difíciles.

– Ahora, vamos a hacer giros y rotaciones – dijo Charles – Escuchen mis instrucciones y sigan el ritmo de la música.

Marie y Angèle se esforzaron por seguir las instrucciones de Charles. A medida que practicaban, se sentían más confiadas y empezaban a entender el ritmo de la salsa.

Al final de la clase, Charles felicitó a Marie y Angèle por sus progresos.

– ¡Lo han hecho muy bien, chicas! Sigan practicando y pronto se convertirán en excelentes bailarinas de salsa.

– ¡Gracias, Charles! – agradeció Marie – Nos vemos en la próxima clase.

Al son de la música de salsa resonando en el estudio, Marie y Angèle salieron con energía y alegría, listas para continuar su aventura en el mundo del baile.

84

Chapitre 20: Une Journée Pluvieuse à la Maison / Un Día Lluvioso en Casa

C'était une journée pluvieuse et Marie était à la maison sans rien à faire. Elle s'ennuyait et souhaitait que le soleil brille pour pouvoir jouer dehors. Soudain, le téléphone sonna.

– Allo! – dit Marie avec enthousiasme en répondant à l'appel.

– Salut Marie! – répondit son amie Laura – Que fais–tu par cette journée pluvieuse?

– Pas grand–chose, je m'ennuie à la maison. – dit Marie avec déception.

– Ne t'inquiète pas! J'ai une idée. Et si on organisait un après–midi de jeux chez moi? – suggéra Laura avec enthousiasme.

– Cela semble génial! J'adorerais ça. – s'exclama Marie, excitée à l'idée de s'amuser avec son amie.

Marie se prépara rapidement et se rendit chez Laura. À leur arrivée, les deux amies s'installèrent dans le salon et commencèrent à jouer à leur jeu de société préféré.

– Regarde, Marie! Je suis la gagnante! – s'écria Laura avec joie après avoir remporté une manche.

– Félicitations, Laura! Tu es la meilleure à ce jeu. – dit Marie en riant.

Après plusieurs manches de jeu, les filles décidèrent de faire une pause et de prendre une collation.

– J'ai des biscuits et du jus. Tu veux quelque chose, Marie? – demanda gentiment Laura.

– Oui, s'il te plaît! J'adore les biscuits. – répondit Marie avec enthousiasme.

Pendant qu'elles profitaient de leur collation, elles entendirent le son de la pluie frappant les fenêtres.

– Même si nous sommes à la maison, nous nous amusons beaucoup! – dit Marie en souriant.

– C'est vrai! Parfois, les journées pluvieuses peuvent être amusantes si nous les passons ensemble. – dit Laura avec bonheur.

Elles passèrent le reste de l'après–midi à rire, jouer et profiter de leur compagnie. Même si le soleil ne s'était pas levé, Marie et Laura avaient transformé une journée pluvieuse en une journée remplie de divertissement et de rires à la maison.

***

Era un día lluvioso y Marie estaba en casa sin nada que hacer. Estaba aburrida y deseaba que el sol brillara para poder jugar afuera. De repente, el teléfono sonó.

– ¡Hola! – dijo Marie con entusiasmo al contestar la llamada.

– ¡Hola Marie! – respondió su amiga Laura – ¿Qué haces en

este día lluvioso?

– No mucho, estoy aburrida en casa – dijo Marie con decepción.

– ¡No te preocupes! Tengo una idea. ¿Qué tal si organizamos una tarde de juegos en mi casa? – sugirió Laura con entusiasmo.

– ¡Suena genial! Me encantaría – exclamó Marie, emocionada ante la idea de divertirse con su amiga.

Marie se preparó rápidamente y se dirigió a casa de Laura. Al llegar, las dos amigas se instalaron en la sala y comenzaron a jugar su juego de mesa favorito.

– ¡Mira, Marie! ¡Soy la ganadora! – gritó Laura con alegría después de ganar una partida.

– ¡Felicidades, Laura! Eres la mejor en este juego – dijo Marie riendo.

Después de varias partidas, las chicas decidieron hacer una pausa y tomar un refrigerio.

– Tengo galletas y jugo. ¿Quieres algo, Marie? – preguntó amablemente Laura.

– ¡Sí, por favor! Me encantan las galletas – respondió Marie con entusiasmo.

Mientras disfrutaban de su refrigerio, escucharon el sonido de la lluvia golpeando las ventanas.

– ¡Aunque estamos en casa, nos estamos divirtiendo mucho! –

dijo Marie sonriendo.

– ¡Es verdad! A veces, los días lluviosos pueden ser divertidos si los pasamos juntos – dijo Laura con felicidad.

Pasaron el resto de la tarde riendo, jugando y disfrutando de su compañía. Aunque el sol no salió, Marie y Laura habían transformado un día lluvioso en un día lleno de diversión y risas en casa.

Exercices des Chapitres

Chapitre 1: L'Arrivée en Ville

Répondez aux questions:

1. Comment s'appelle le protagoniste du Chapitre 1?

2. Quel âge a Marie?

3. Comment Marie se sent–elle lorsqu'elle arrive en ville?

4. Qu'est–ce que Marie porte avec elle lorsqu'elle se promène dans les rues de la ville?

5. Qui est Jean et comment aide–t–il Marie?

6. Dans quelle rue habite Marie?

Chapitre 2: Épicerie

Complète les phrases suivantes avec le mot approprié:

1. Marie a décidé d'aller au _____________ d'épicerie le plus proche.

2. Le magasin était bien _____________ et propre.

3. Marie a acheté _____________ et des laitues fraîches dans la section des légumes.

4. Les _____________ étaient à droite des produits en conserve.

5. Marie a acheté des pommes et des _____________ dans la

section des fruits.

6. Marie a payé ses achats avec sa _____________ de crédit.

Chapitre 3: La Réunion avec les Voisins

Indiquez quelle phrase est vraie ou fausse:

1. Marie a reçu une invitation pour assister à une réunion de voisins dans son nouvel immeuble.

2. La réunion de voisins a eu lieu dans le parc.

3. La réunion était prévue pour un dimanche matin.

4. Le président de l'association a parlé des prochains événements.

5. Marie ne s'est pas sentie à l'aise avec ses voisins pendant la réunion.

6. Marie n'est pas satisfaite de l'emplacement de l'immeuble.

Chapitre 4: Le Premier Jour de Travail

Répondez aux questions suivantes:

1. Pourquoi Marie était-elle excitée?

a) Parce qu'elle allait commencer un nouveau travail.

b) Parce qu'elle allait terminer son travail précédent.

c) Parce qu'elle allait partir en vacances.

2. Qui a accueilli Marie au bureau?

a) Son ami.

b) Son coéquipier.

c) Son patron.

3. Que David a–t–il montré à Marie au bureau?

a) Les différents départements et zones.

b) Les documents importants.

c) Les pauses café.

4. Qui était le coéquipier de Marie?

a) David.

b) Sébastien.

c) Un client.

5. Quelle tâche David a–t–il confiée à Marie à la fin?

a) Se présenter à l'équipe.

b) Commencer à travailler.

c) Montrer les documents importants.

6. Que Marie a–t–elle fait à la fin de sa première journée de travail?

a) Elle a rencontré son patron pour discuter de ses performances.

b) Elle s'est fait de nouveaux amis au bureau.

c) Elle est rentrée chez elle pour se reposer.

Chapitre 5: Retrouvailles avec des Amis

Indiquez quelle phrase est vraie ou fausse:

1. Marie avait vu ses amis récemment.

2. Marie n'a pas le temps de sortir à cause de son travail.

3. Marie travaille avec des gens désagréables.

4. Marie apprend l'allemand.

5. Angèle était préoccupée par le manque d'idées pour des vacances.

6. Marie a invité Angèle à voyager ensemble en Espagne.

Chapitre 6: Une Visite à la Bibliothèque

Répondez aux questions suivantes:

1. Pourquoi Marie a–t–elle décidé de visiter la bibliothèque?

a) Pour trouver des livres sur les finances et les affaires.

b) Pour rencontrer Paul et Gabriel.

c) Pour passer le temps.

2. Qui a aidé Marie à trouver les bons livres?

a) Gabriel.

b) Le bibliothécaire Paul.

c) Marie a trouvé les livres toute seule.

3. Quel livre Paul a–t–il recommandé à Marie?

a) Un livre sur les sciences sociales.

b) Un livre sur les finances personnelles.

c) Un livre sur l'art.

4. En quoi travaille Gabriel?

a) En tant que bibliothécaire.

b) En tant qu'agent immobilier.

c) Dans une entreprise d'investissement.

5. Qu'a offert Gabriel à Marie?

a) Des conseils financiers.

b) Un dîner gratuit.

c) Un billet d'avion.

6. Que fait Marie après sa visite à la bibliothèque?

a) Elle part prendre un café.

b) Elle rentre chez elle pour lire les livres.

c) Elle retrouve ses amis au parc.

Chapitre 7: Une Journée à la Plage

Répondez aux questions:

1. Qu'est-ce que Marie a oublié à la maison?

2. Qu'est-ce que Michel a offert à Marie?

3. Comment Marie a-t-elle répondu à l'offre d'aide?

4. Qu'a répondu Michel quand Marie l'a remercié?

5. Qu'est-ce que Marie a fait pendant sa journée à la plage?

6. Comment Marie s'est-elle sentie après avoir passé la journée à la plage?

Chapitre 8: Le Pique-nique de Marie et sa Famille

Complétez les phrases suivantes avec les mots appropriés du vocabulaire:

1. Marie et sa famille ont décidé de faire un __________ dans le parc.

2. La maman de Marie a préparé des __________ de jambon et de fromage.

3. Le papa de Marie a apporté des __________ et des bouteilles d'eau.

4. Marie était excitée car elle aimait passer du temps en plein air. Ils se sont assis sur une __________ et ont commencé à manger.

5. Marie a vu un enfant jouer avec son ___________.

6. Après avoir joué un moment, Marie et sa famille ont décidé de tout ranger et de rentrer à ___________.

Chapitre 9: Célébrer son Anniversaire

Répondez aux questions:

1. Pourquoi Marie était-elle excitée au début de l'histoire?

2. Quelle surprise spéciale Anne avait-elle préparée pour Marie?

3. Où Marie et Anne se sont-elles retrouvées pour célébrer ensemble?

4. Que firent Marie et Anne après avoir mangé du gâteau et ouvert les cadeaux?

5. Que s'est-il passé pendant le jeu de balle?

6. Comment Marie et Anne se sont-elles senties à la fin de la journée d'anniversaire?

Chapitre 10: La Visite au Zoo

Indiquez quelle phrase est vraie ou fausse:

1. Marie a emmené sa petite sœur au zoo.

2. La cousine de Marie était particulièrement excitée de voir les lions.

3. Les pingouins doivent être nourris régulièrement avec du

poisson.

4. La cousine de Marie voulait devenir gardienne de zoo quand elle sera grande.

5. Au zoo, Marie et sa cousine n'ont vu que des pingouins.

6. Marie a dit que sa cousine devrait beaucoup étudier pour devenir gardienne de zoo.

Chapitre 11: Le Cours de Yoga

Réponds aux questions:

1. Que voulait Marie après une journée de travail stressante?

2. Où Marie a–t–elle décidé de prendre un cours de yoga?

3. Comment Marie s'est–elle sentie lorsque l'instructeur lui a demandé d'effectuer une posture complexe?

4. Qu'a suggéré l'instructeur à Marie pour pratiquer le yoga à la maison?

5. Que fait Marie lorsqu'elle rentre chez elle?

6. Qu'a découvert Marie en pratiquant le yoga à la maison?

Chapitre 12: L'Aventure au Musée

Indiquez si les phrases suivantes sont VRAI ou fausse:

1. Marie a décidé de visiter le zoo.

2. Marie portait un sac à dos.

3. L'employé du musée lui a donné des informations sur les expositions.

4. Marie voulait commencer par explorer la salle des sciences.

5. La salle d'art se trouve au premier étage.

6. Nicolas est le fils d'un artiste.

Chapitre 13: Prendre soin de l'Animal de Compagnie d'un Ami

Lis le passage suivant et complète les phrases avec la forme correcte des verbes entre parenthèses au passé composé:

Marie _____________ (arriver) chez Daniel et _____________ (trouver) Thomas qui l'attendait dans le salon. Après s'être assurée qu'il _____________ (avoir) de la nourriture, de l'eau et des jouets, Marie _____________ (s'occuper) de lui pendant plusieurs jours. Elle l'a aussi _____________ (emmener) au parc, où Thomas _____________ (jouer) avec d'autres chats et _____________ (profiter) de l'air libre.

Chapitre 14: Le Premier Vol

Lis chaque question et choisis l'option correcte (A, B ou C) qui complète le mieux la phrase:

1. Marie _________ son premier vol en avion.

a) est

b) était

c) a été

2. L'hôtesse de l'air _________ des informations sur la porte d'embarquement.

a) donne

b) a donné

c) donnait

3. Marie _________ à côté d'une femme amicale dans l'avion.

a) s'assoit

b) s'est assise

c) s'asseyait

4. L'avion _________ et le paysage _________ plus petit.

a) a décollé / devenait

b) a décollé / devenait

c) décolle / devient

5. Pendant le vol, Marie _________ attentivement les instructions.

a) écoute

b) a écouté

c) écoutait

6. Finalement, l'avion ________ à l'aéroport de Londres.

a) a atterri

b) atterrit

c) atterrira

Chapitre 15: Le Festival de Musique

Réponds aux questions:

1. Pourquoi Marie était–elle excitée?

2. Avec qui Marie est–elle allée au festival?

3. Qu'est–ce qu'ils ont découvert en arrivant sur le site du festival?

4. Quel groupe de musique Manuel voulait–il voir?

5. Quelle autre scène de musique ont–ils découverte?

6. Comment Marie s'est–elle sentie à la fin du festival?

Chapitre 16: La Balade à Vélo

Complète les phrases suivantes avec les mots appropriés:

1. Marie était excitée parce que c'était une journée __________.

2. Marie enfila son _________ et prit son vélo dans le _________.

3. Marie cria à Sophie: "Salut Sophie! Qu'est-ce que tu _________ ici?"

4. Marie et Sophie montèrent sur leurs __________ et commencèrent à __________ ensemble sur la piste cyclable.

5. Sophie indiqua le __________ et s'exclama: "Regarde, Marie, les __________ sont si mignons."

6. Marie remercia Sophie de l'avoir invitée et dit: "Merci de m'accompagner dans cette balade à vélo, Sophie. C'était __________."

Chapitre 17: Préparation d'un Repas Spécial

Indique si chaque phrase est VRAI ou fausse:

1. Marie voulait surprendre sa famille avec un repas spécial.

2. Marie décida de préparer des pâtes avec une sauce tomate maison et des boulettes de viande.

3. Le père de Marie n'était pas intéressé à essayer quelque chose de différent.

4. Marie et sa mère ont épluché les tomates ensemble.

5. La famille a apprécié le repas préparé par Marie.

6. Marie se sentit triste et déçue de la réaction de ses parents.

Chapitre 18: Une Excursion en Montagne

Associez correctement les paires en combinant la première partie de la phrase avec la deuxième partie:

1. Marie et ses amis décidèrent de s'aventurer dans une

excursion palpitante...

2. Ils commencèrent à marcher sur le sentier, en suivant...

3. Les vues d'en haut étaient...

4. Marie et Laura s'arrêtèrent pour...

5. Au fur et à mesure qu'ils montaient, le terrain devenait plus...

6. Ils se reposèrent un peu puis commencèrent à...

a) ...se reposer et profiter du magnifique paysage.

b) ...en montagne

c) ...impressionnantes

d) ...raide et plus difficile

e) ...les panneaux

f) ...redescendre en emportant des souvenirs spéciaux.

Chapitre 19: Apprendre à Danser la Salsa

Réponds aux questions suivantes:

1. Comment Angèle se sentait–elle avant son premier cours de salsa?

a) Excitée et nerveuse.

b) Ennuyée et fatiguée.

c) Triste et en colère.

2. Comment a commencé le cours de salsa?

a) Par un échauffement.

b) Par un examen.

c) Par une compétition.

3. Qu'a montré Charles à Marie et Angèle pour qu'elles pratiquent?

a) Des mouvements de breakdance.

b) Des mouvements de natation.

c) Des mouvements plus complexes de salsa.

4. Que firent Marie et Angèle pour suivre les instructions de Charles?

a) Elles ignorèrent les instructions.

b) Elles firent une pause.

c) Elles firent des efforts pour suivre les instructions.

5. Qu'ont gagné Marie et Angèle en pratiquant?

a) Confusion et frustration.

b) Peur et désespoir.

c) Confiance et rythme dans la salsa.

6. Que fit Charles à la fin du cours?

a) Il les gronda pour ne pas bien faire.

b) Il les félicita pour leurs progrès.

c) Il annula le prochain cours.

Chapitre 20: Une Journée Pluvieuse à la Maison

Complète les phrases suivantes avec le mot approprié:

1. Marie était _________ à la maison en raison du mauvais temps.

a) triste

b) ennuyée

c) excitée

2. Laura a proposé de passer un après–midi _________ chez elle.

a) à jouer

b) à regarder des films

c) à faire du shopping

3. Marie s'est montrée _________ par l'idée de Laura.

a) heureuse

b) en colère

c) effrayée

4. Pendant l'après–midi, Marie et Laura ont joué à leur
__________ préféré.

a) sport

b) jeu de société

c) instrument de musique

5. Marie et Laura ont entendu le bruit de la pluie _________ les
fenêtres.

a) caressant

b) se fermant

c) frappant

6. Marie a dit qu'elles s'amusaient beaucoup même sans
_________.

a) amis

b) soleil

c) cadeaux

Solutions

Chapitre 1: L'Arrivée en Ville

1. La protagoniste se prénomme Marie.

2. Marie a vingt–cinq ans.

3. Marie se sent excitée en arrivant en ville.

4. Marie porte une petite valise et un sac à main.

5. Jean est un jeune homme qui rencontre Marie dans la rue et l'aide à trouver son chemin vers sa nouvelle maison.

6. Marie habite au 23 rue du Soleil.

Chapitre 2: Épicerie

1. supermarché

2. rangé

3. carottes

4. conserves

5. oranges

5. carte

Chapitre 3: La Réunion avec les Voisins

1. VRAI

2. FAUX

3. FAUX

4. VRAI

5. FAUX

6. FAUX

Chapitre 4: Le Premier Jour de Travail

1. a)

2. c)

3. a)

4. b)

5. b)

6. c)

Chapitre 5: Retrouvailles avec des Amis

1. FAUX

2. FAUX

3. VRAI

4. FAUX

5. VRAI

6. VRAI

Chapitre 6: Une Visite à la Bibliothèque

1. a)

2. b)

3. b)

4. c)

5. a)

6. b)

Chapitre 7: Une Journée à la Plage

1. Marie a oublié ses lunettes de soleil.

2. Michel a offert une paire de lunettes de soleil à Marie.

3. Marie a remercié Michel avec un sourire soulagé.

4. Michel a répondu "De rien, j'espère que tu en profiteras".

5. Marie a pris le soleil, a lu un livre et a nagé dans la mer.

6. Marie s'est sentie détendue et rajeunie.

Chapitre 8: Le Pique-nique de Marie et sa Famille

1. pique-nique

2. sandwiches

3. pommes

4. couverture

5. chien

6. maison

Chapitre 9: Célébrer son Anniversaire

1. Marie était excitée parce qu'aujourd'hui était son
anniversaire.

2. Anne lui avait préparé une petite fête surprise.

3. Elles se sont retrouvées dans un parc à proximité.

4. Marie et Anne ont décidé de jouer à la balle au parc.

5. Anne a presque heurté Marie avec la balle.

6. Marie et Anne se sont senties heureuses et reconnaissantes
pour leur amitié spéciale.

Chapitre 10: La Visite au Zoo

1. FAUX

2. FAUX

3. VRAI

4. VRAI

5. FAUX

6. VRAI

Chapitre 11: Le Cours de Yoga

1. Marie voulait se détendre et réduire son stress.

2. Marie a décidé de suivre un cours de yoga dans son gymnase local.

3. Marie s'est sentie un peu incertaine.

4. L'instructeur lui a suggéré de suivre des vidéos de yoga en ligne et de pratiquer à la maison avec un tapis de yoga.

5. Elle a cherché des vidéos de yoga en ligne et a commencé à les suivre.

6. Marie a découvert que pratiquer le yoga à la maison était pratique et relaxant.

Chapitre 12: L'Aventure au Musée

1. FAUX

2. VRAI

3. VRAI

4. FAUX

5. FAUX

6. VRAI

Chapitre 13: Prendre soin de l'Animal de Compagnie d'un Ami

Marie est arrivée chez Daniel et a trouvé Thomas qui l'attendait dans le salon. Après s'être assurée qu'il avait de la nourriture, de l'eau et des jouets, Marie s'est occupée de lui pendant plusieurs jours. Elle l'a aussi emmené au parc où Thomas a joué avec d'autres chats et a profité de l'air frais.

Chapitre 14: Le Premier Vol

1. b)

2. b)

3. b)

4. a)

5. c)

6. a)

Chapitre 15: Le Festival de Musique

1. Marie était excitée à cause du festival de musique.

2. Elle est allée au festival avec Manuel.

3. Ils ont découvert une ambiance festive et de la musique.

4. Manuel voulait voir un groupe de rock.

5. Ils ont découvert la scène de musique latine.

6. Marie s'est sentie heureuse et satisfaite.

Chapitre 16: La Balade à Vélo

1. ensoleillée

2. casque, garage

3. fais

4. vélos, pédaler

5. lac, canetons

6. merveilleux

Chapitre 17: Préparation d'un Repas Spécial

1. VRAI

2. VRAI

3. FAUX

4. FAUX

5. VRAI

6. FAUX

Chapitre 18: Une Excursion en Montagne

1. b)

2. e)

3. c)

4. a)

5. d)

6. f)

Chapitre 19: Apprendre à Danser la Salsa

1. a)

2. a)

3. c)

4. c)

5. c)

6. b)

Chapitre 20: Une Journée Pluvieuse à la Maison

1. b)

2. a)

3. a)

4. b)

5. c)

6. a)